TABLEAU

DISPOSITIF

DE LA SESSION DE 1818,

Par M^r. Amédée DE TISSOT.

A PARIS,

Au Palais-Royal, chez les principaux Libraires.

IMPRIMERIE DE DONDEY-DUPRÉ,

Rue St.-Louis, N°. 46, au Marais, et rue Neuve St.-Marc, N°. 10.

1818.

TABLEAU DISPOSITIF

DE LA SESSION DE 1818.

L'HABITUDE nous familiarise avec les abus les plus étranges ; néanmoins on trouvera peu de gens qui ne soient pas choqués du désordre scandaleux qui règne dans notre assemblée représentative. Je ne sache point qu'aucun auteur dramatique se soit avisé de faire paraître sur le théâtre, des juges prêts à prononcer la sentence fatale d'un de leurs semblables, et toujours disposés à rire durant l'audience ; cette scène aurait paru révoltante : cependant que sont les fonctions d'un juge, auprès du ministère important d'un représentant du peuple ? L'un n'a pas même le droit de décider du sort d'un individu, puisque cette tâche appartient aux jurés, et l'autre, chargé de veiller sur la destinée actuelle et future de la nation entière, nous prouve trop souvent, par sa contenance et par la précipitation de ses jugemens, qu'il n'a point l'habitude de s'occuper de matières aussi graves.

La conscription, par exemple, ou le recrutement forcé, termes absolument synonimes; mais dont le premier avait cependant quelque chose de plus noble; la conscription, dis-je, n'est heureusement plus, comme autrefois, une espèce d'échafaud colossal où des millions de Français étaient condamnés à p erdre la vie; malgré cela je suis surpris que des hommes chargés de régler de tels intérêts, puissent se permettre de rire et de plaisanter en public, pendant la durée de ces importantes discussions. Si Messieurs les Députés veulent que nous les respections, il faut qu'ils se respectent eux-mêmes mutuellement, et qu'une certaine décence règne désormais dans leurs assemblées.

C'est une remarque faite dans tous les tems, que les grands penseurs sont ordinairement sombres et taciturnes; en adoptant ce principe, on ne peut disconvenir que les penseurs ne sont pas plus communs dans la Chambre des Députés que dans la société. Nous serions au reste fort heureux si nous n'avions que cet indice contre nos représentans; mais il est de fait qu'à certains égards, comme par exemple au sujet de l'injuste prohibition du divorce, nous avons, par un effet de leur impéritie, rétrogradé de dix siècles ; au lieu de suivre le cours majestueux d'une révolution qui n'est pas moins nécessaire à la maturité des esprits, que ne le sont les révolutions célestes aux astres qui les accomplissent.

Je pense donc que la première chose dont la Chambre ait à s'occuper, est d'établir les statuts constitutifs de ses séances. Je ne me permettrai point de développemens à ce sujet ; mais il me paraît qu'aucun orateur ne devrait être interrompu lorsqu'il est à la tribune, et que la Chambre des Députés déroge à sa propre dignité, lorsqu'elle ne daigne pas même entendre un de ses Membres, ou qu'elle lui donne des marques offensantes et dérisoires d'improbation au milieu même de son discours. Je ne saurais mieux comparer ces bruyans provinciaux, qu'à certaines gens qui ne vont point au spectacle sans y porter leur sifflet. Un homme de goût et de bonne compagnie ne siffle jamais ; il se borne à ne pas revoir une pièce qui lui déplaît : c'est ainsi qu'un Député raisonnable devrait se contenter de réfuter des opinions qui lui semblent erronées, ou du moins de voter dans un sens contraire.

On pourrait partager rationellement la Chambre en dix sections d'environ vingt personnes, ayant chacune un représentant, inspecteur, chargé de prendre des notes sur les Députés dont la conduite troublerait les discussions , et nommer quatre vice-présidens ou présidens d'ordre, qui seraient autorisés à faire payer une amende plus ou moins considérable aux contrevenans ; ceux-ci pourraient même, dans des cas de récidive, être privés pour un certain tems du droit de paraître à la tribune et dans la Chambre des Députés.

. La pensée n'agit point en liberté dans une assemblée tumultueuse , où l'on prend un parti sans avoir pu réfléchir. Il est incontestable que l'ordre matériel établi dans la Chambre , influerait très–favorablement sur l'ordre moral. De cette manière , certaines gens qui ne savent faire que du bruit , sans contribuer en rien aux travaux de l'assemblée représentative, cesseraient d'en entraver la marche et la régularité par leurs indiscrètes et perpétuelles acclamations.

Après la formation des statuts de la Chambre , il est un réglement qui me paraîtrait assez propre à maintenir l'ordre dans les matières ; car il n'est point rare que l'accidentel fasse oublier le principal. Une bonne partie de chaque séance est remplie par la lecture d'un certain nombre de pétitions, qui détournent l'attention de la Chambre, du sujet dont elle doit s'occuper. Je voudrais qu'un jour par semaine fût consacré spécialement à la lecture des pétitions , et que les autres jours , Messieurs les Députés s'occupassent exclusivement de la discussion qui serait à l'ordre du jour , et sur laquelle chacun concentrerait alors toute son attention. Le vrai moyen de traiter une question à fond , c'est de se déterminer à n'en considérer aucune autre.

Dans nos circonstances actuelles, il n'est guère de pétition assez pressante, pour qu'un retard de trois ou quatre jours soit préjudiciable à ceux qui sont obligés d'attendre pendant plusieurs mois une nouvelle session pour présenter leurs demandes ; cependant une commission pourrait distinguer comme pétitions urgentes, celles dont le but serait d'une assez haute importance pour en faire une lecture extraordinaire.

La commission des pétitions devrait avoir un régistre, tenu pour ainsi dire à parties doubles : sur l'un des côtés de ce livre, elle inscrirait le nom des pétitionnaires et l'objet de leur demande, et sur l'autre elle aurait soin d'indiquer la réponse des Ministres, qui serait communiquée par lettre aux réclamans. En n'adoptant pas cette marche régulière, l'intervention de la Chambre devient très-souvent inutile, et l'on pourrait s'adresser avec autant de succès directement aux Ministres ; tandis que par les moyens que je propose, la Chambre pourrait s'assurer si le Ministre a fait droit à toutes les réclamations, et dans le cas contraire, exiger sa réponse.

Une nation chez laquelle la liberté de la presse est fortement entravée, est comme un enfant dont la langue embarrassée ne peut exprimer ni ses besoins ni ses pensées ; le premier soin que l'on doit en prendre, c'est de le délivrer d'une gêne qui n'est point faite pour l'homme.

J'observe d'abord que quelque satisfaisante que soit la loi que nous aurons sur la liberté de la presse, les auteurs se trouveront nécessairement dans la dépendance et sous le glaive du ministère public. En considérant la provocation indirecte comme un délit, il n'est aucune sécurité, même pour l'auteur le mieux intentionné. Par le système des interprétations, auquel on ne manque jamais de recourir, il existe toujours un commencement de preuve contre l'auteur d'un écrit politique. Fît-il même l'éloge de la Famille Royale, on peut supposer qu'il n'est pas sincère, et que l'ironie est le vrai sens de sa pensée. S'il blâme le gouvernement de Bonaparte, tout en restant impartial, on l'accusera de n'en avoir reconnu les défauts, que pour avoir occasion de faire ressortir ce qu'il avait d'excellent ; et comme un projet d'amélioration est nécessairement basé sur une critique de l'ordre actuel, l'homme qui ne trouvera pas que tout est bien, que tout est le mieux possible, sera regardé comme l'ennemi du repos public. Il n'est qu'un moyen de rassurer l'écrivain prudent, qui ne veut point, peut-être pour de simples théories, compromettre sa liberté, sa fortune et sa réputation, c'est de lui permettre de consulter le censeur.

Que le mot de censeur ne nous effarouche point ; ici loin d'être l'ennemi de nos libertés, il en sera le gardien. C'est une grande erreur de croire que l'on ne trouve rien d'utile dans nos anciennes institutions : les lumières qui dans le siècle précédent ont préparé notre régénération, ne seraient point parvenues jusqu'à nous sous le régime de la loi de novembre, et peut-être de celle qui va lui succéder. . . .

L'approbation du censeur devra toujours être une parfaite garantie pour les auteurs, si ce n'est dans le cas de calomnie ; et je suppose que le censeur refusât son privilège à leurs productions, ils seraient libres de les publier à leurs risques et périls ; ainsi cette nouvelle espèce de censure ne gênerait en aucune manière la liberté des écrits ni celle des écrivains.

Rien n'est plus contraire aux travaux, aux méditations et surtout au caractère distinctif de

l'homme de lettres, que la honte (1), les embar-
ras, les soucis, les chagrins et les suites cruelles
d'un procès, qui souvent commence par une
arrestation provisoire, et ne se termine que par
l'acquittement d'une rançon exorbitante et rui-
neuse, précédé d'un emprisonnement d'autant
plus affreux que l'on croit ne l'avoir point mé-
rité. Combien de familles estimables ont été plon-
gées dans la douleur, par les interprétations aussi
forcées, aussi peu supportables que le style et les
pensées de certains agens du gouvernement !
C'est pour la gloire et le bonheur de la nation,
comme pour la tranquillité des individus, qu'il
importe d'offrir aux écrivains distingués et pro-
fonds, qui considèrent les choses plus que les
personnes, et dont les abstractions ne sont pas
toujours en harmonie avec l'ordre actuel ; c'est
dans ce double intérêt, dis-je, qu'il importe de
leur offrir un asile assuré contre les traits de
l'envie et les attaques de l'égoïsme, du faux zèle

---

(1) Quelque rassuré que l'on puisse être par sa conscience,
il est toujours pénible pour un homme de lettres, de s'exposer
en spectacle sur un théâtre où figurent des êtres souillés des
vices et des crimes les plus repoussans. La brutalité des agens
du pouvoir, l'air même qu'on respire dans ces tristes lieux,
tout y doit inspirer une juste horreur. Eh ! que deviendra la
victime d'un zèle imprudent, si, comme nous en voyons un
exemple, sa fortune ne peut suffire à l'énorme imposition
pécuniaire dont on aggrave sa peine ?

et du cruel fanatisme. Or, il est incontestable que cet heureux asile ne peut exister que dans l'approbation du censeur.

L'institution du jury naquit dans un tems où le serment devait être un acte infiniment plus respecté qu'il ne l'est aujourd'hui. Je déclare que si je devais être jugé par des jurés, je les dispenserais d'un serment superflu s'ils sont probes, inutile s'il ne le sont pas.

On parle de l'élévation de tous les électeurs au rang de jurés ; certes la quantité ne nous en manquera pas, et Paris ne risque point de périr comme Sodome, puisque l'on y compte dix mille justes ; mais c'est ici que l'on trouve une lacune dans nos distinctions. Nous avons toujours eu des titres et des récompenses pour la bravoure, que l'on remarque souvent chez des hommes méprisables (comme il serait aisé de le prouver par de fameux exemples) ; mais l'idée n'est encore venue à personne d'instituer un Ordre particulier de la probité, de la justice et de la bienfaisance. C'est dans la classe des hommes qui se seraient fait connaître par une longue pratique de ces vertus tranquilles, que l'innocence aimerait à trouver des juges incorruptibles. Il est vrai que le nombre n'en serait pas aussi considérable que celui des jurés qu'on nous propose !

J'observerai que, pour les délits de la presse surtout, il serait absurde d'admettre indistinctement tous les électeurs au rang de jurés, et qu'il faudrait nécessairement faire un choix d'hommes qui ne fussent pas absolument étrangers aux lettres; car dans un jury composé de gens incapables de résoudre une question littéraire, s'il se trouve un individu qui sous ce rapport leur soit très supérieur, son sentiment aura trop d'influence, et par le fait il composera lui seul le jury : ses passions, ses préventions ou son intérêt ne rencontreraient aucun obstacle. Nous préserve le ciel d'un tel jury !

Il me paraît encore :

1°. Qu'un écrivain doit être aussi libre de renoncer à la publication de son ouvrage, que je le suis d'entrer dans une salle de spectacle, en laissant ma canne à la porte, si l'on trouve que c'est une arme dangereuse.

2°. Que l'application de la loi sur les bonnes mœurs, ne peut avoir lieu contre les auteurs qui chercheraient à signaler des erreurs ou des abus dans la religion catholique, attendu que c'est précisément chez les Catholiques, en France, en Italie, en Espagne, que les mœurs sont les plus corrompues et les crimes les plus fréquens et les plus affreux (1); et que par conséquent, combattre la religion catholique, c'est, à l'exemple de Calvin, combattre en faveur des bonnes mœurs

Le Gouvernement lui-même paie les Ministres du culte protestant, pour professer et propager leur croyance. Les écrivains doivent avoir la même liberté. C'est au raisonnement à triompher du raisonnement. Si cette lutte a quelques inconvéniens, elle vaut sans doute mieux qu'une indifférence totale; d'autant plus qu'elle peut produire un rapprochement utile aux intérêts de l'État comme au bonheur de l'humanité.

3º. Assurément huit ou quinze jours sont plus que suffisans pour faire faire la lecture de l'ouvrage le plus étendu; l'on pourait donc prescrire par le terme de trois mois, après le

---

(1) Ajoutons que c'est encore chez les Catholiques que l'on trouve le plus d'exemples de ces crimes nationaux qui souillent à jamais les fastes de leur histoire; comme par exemple en Italie, les Vêpres Siciliennes; en Espagne, la redoutable Inquisition; en Amérique, les persécutions les plus atroces exercées au nom de la religion; en France, la St.-Barthélemy, les Dragonades et les derniers massacres du Midi. La révolution même n'aurait pas été si sanglante, si les Prêtres par leurs sermons, par leurs exhortations, et surtout par leur exemple, avaient eu soin de polir et d'adoucir les mœurs et le caractère du peuple.

dépôt, l'action contre les auteurs. Il est injuste et cruel de prolonger des incertitudes et
des craintes qui ne sont que trop fondées, après
les singulières condamnations dont nous avons
été témoins.

Il ne m'appartient pas de faire moi-même le
tableau dispositif de la session de la Chambre
des Députés; elle seule a ce droit, en consultant
les volontés du Roi : je ne fais que lui proposer
de le confectionner elle-même à l'ouverture de
chaque session, et sauf les modifications que
les circonstances peuvent apporter; mais je
joins ici le modèle approximatif d'un tableau
de cette espèce, dont les vastes dimensions ne
sont point susceptibles de se rapporter au vo-
lume exigu d'une brochure. L'on y peut re-
marquer différentes classifications , savoir :
Matières à discuter; — principes dans le sens
ministériel, — dans le sens opposé, — dans un
sens mixte; — Autorités sur lesquelles sont ap-
puyés ces principes; savoir : la Charte, les lois,
les ordonnances, les auteurs et les discours que
l'on peut citer. Chaque loi pourra même devenir
l'objet d'un tableau partiel.

On convient généralement que notre code
pénal est imparfait à bien des égards, et, sans
parler de l'excessive latitude qu'il donne aux
juges, en leur laissant, par exemple, la faculté

d'ordonner six jours ou six mois de prison, lesquels six mois sont quelquefois l'équivalent d'une sentence de mort, l'article *calomnie* a nécessairement besoin d'être retouché ; car, d'après sa rédaction actuelle, tout criminel, au moment de son arrestation, pourrait obtenir la condamnation de son dénonciateur, puisque la dénonciation est considérée comme calomnieuse, lorsqu'il n'existe pas encore de preuve légale. Le calomniateur supposé doit nécessairement avoir la faculté de fournir ses preuves, dans un tems que les juges peuvent fixer. Il faut même encore observer qu'il est bien des faits réels dont on ne saurait produire une preuve authentique, et que, parconséquent, l'écrivain, même en disant la vérité, peut se trouver injustement compromis par l'insuffisance de cette loi, qui demanderait de plus grands développemens.

On trouvera dans le modèle du tableau dispositif que je propose, quelques principes relatifs au délit de calomnie, que je juge inutile de répéter ici. Si les contradictions et l'absurdité n'étaient pas quelquefois à l'ordre du jour dans les tribunaux, l'on n'aurait pas entendu, sans une extrême surprise, la décision d'une Cour Royale, qui prétend que le délit de publication se multiplie comme la Sainte-Hostie. Il est vrai que le dogme qu'elle professe a trouvé bien des incrédules !

Après la révision de quelques articles du code pénal et du code de procédure criminelle, et la nouvelle fixation des cas où le secret est nécessaire, quelques mesures pour l'amélioration du régime des prisons, pourraient utilement occuper l'attention de la Chambre. La dépense que nécessitera la réalisation de ce projet philanthropique, ne sera pas un article considérable du budget. Dès long-tems l'humanité sollicite la suppression de l'excès des maux, dont on accable des hommes qui n'ont pas encore été déclarés coupables, et qui souvent sont réellement innocens. C'est bien assez de leur imposer la privation de la liberté, sans les plonger dans des cachots humides, infects et malsains, où leurs souffrances surpassent mille fois la peine momentanée des plus grands crimes.

On a grand tort de penser que l'initiative attribuée au Roi, doive épargner à Messieurs les Députés la peine de rechercher eux-mêmes tout ce qui peut contribuer au soulagement du malheur, et surtout de l'innocence : le Roi daignera toujours accueillir des propositions aussi généreuses et bienfaisantes : d'ailleurs la représentation deviendrait absolument illusoire, si

la Chambre n'était qu'un instrument servile fait
pour consacrer les volontés du Gouvernement ;
elle doit non-seulement savoir lui résister quand
il le faut ; mais encore affermir, élever sa
marche, en lui suggérant de nouveaux moyens
de se faire aimer et respecter.

Il est sans doute de nombreuses innovations
qui pourront contribuer au bonheur de la
France, et dont les germes se développeront
successivement ; mais l'établissement d'une
caisse hypothécaire, bien administrée et sur-
veillée, et celui d'un entrepôt de denrées
coloniales à Paris, en rendant la Seine na-
vigable pour les vaisseaux marchands jusque
dans le sein de la capitale, me paraissent deux
projets dont la réalisation ne saurait être trop
prompte.

La loi sur le Concordat n'est pas, je crois,
tout-à-fait dans la même catégorie, et je
conçois à peine qu'un Français puisse être
assez ennemi de sa patrie, pour proposer
une capitulation aussi honteuse, avec une
puissance qui n'a pas sur nous le droit de
vie et de mort.

Nous imitons la représentation nationale des
Anglais, nous allons chez eux chercher le
modèle de nos lois ; comment ne voyons-nous
pas qu'une des causes les plus incontestables

2

de leur gloire et de leur prospérité, consiste dans l'indépendance absolue du joug abrutissant de la cour de Rome? Nous ne pouvons concorder avec le prêtre qui concorde avec l'Inquisition.

Parmi les projets qui ne seraient pas indignes d'occuper dans la suite l'attention de la Chambre, il en est deux qui me paraissent d'une haute importance. Depuis le retour du Roi, l'on ne peut disconvenir que, peut-être sans aucun avantage présent ni futur pour la nation, les prêtres et le système monacal ont reconquis une prépondérance si grande, qu'il ne serait pas impossible que ce seul abus nous préparât une nouvelle et sanglante révolution. Il faut bien se persuader que le Christianisme, tel qu'il est trop généralement interprété, ne saurait être la base du bonheur temporel des individus, ni surtout de la prospérité des peuples. L'amour de la pauvreté, des humiliations, des souffrances, une vie contemplative, le célibat considéré comme un état de perfection; toutes ces dévotes maximes et bien d'autres semblables, ne peuvent servir de règle pour l'administration d'un empire, et, s'il faut m'expliquer nettement, ce n'est point le pieux et funeste zèle de Saint-Louis que ses descendans doivent prendre pour exemple;

mais plutôt la philosophie, l'économie et l'impartialité d'un Roi qui n'aurait jamais embrassé le catholicisme, si les Français plus éclairés avaient assez bien connu leurs intérêts pour en abjurer eux-mêmes les erreurs et les abus.

Le célibat forcé des prêtres est un réglement *inadministratif*, qui n'a pas même l'avantage d'être appuyé sur les préceptes de l'évangile (1), et que l'église primitive ne connaissait pas plus que la suprématie de l'Évêque de Rome. Il frustre évidemment les générations futures d'une masse considérable de citoyens, dont la patrie aurait eu d'autant plus besoin, qu'élevés par des hommes pieux, tels qu'on doit toujours supposer les prêtres, ils auraient répandu dans la société les exemples et l'influence de leurs vertus, qui s'opposeraient aux progrès continuels de la corruption. D'ailleurs les tendres affections, les titres de père et d'époux adouciraient le caractère et les mœurs

______

(1) Jésus-Christ veut « que chacun ait sa femme ». Il ne dispense point les prêtres de cette obligation (qui n'est pas toujours un plaisir), St.-Paul veut « que l'évêque soit époux » d'une seule femme ». Ce qui, soit dit en passant, prouverait que l'esprit du christianisme ne s'oppose point à la polygamie, puisque c'est à l'évêque seulement qu'on semble la défendre.

des gardiens de l'autel, et ce serait une des plus grandes obligations que nous puissions avoir aux femmes.

Quelque raisonnable que doive paraître cette idée à tous les hommes libres de préjugés, le Français tient tellement à ses habitudes, il repousse si constamment les innovations les plus utiles, que l'on n'ose se flatter que de long-tems cette proposition puisse être faite à la tribune, et ce serait beaucoup de pouvoir y préparer la nation ; mais elle verrait sans doute avec joie la suppression de ces tristes couvens, qui se repeuplent si facilement, que l'on pourrait supposer qu'il existe des entrepreneurs intéressés et des pourvoyeurs qui, spéculant sur la faiblesse des individus et la tolérance du gouvernement, arrachent aux familles, et par conséquent à la nation, une jeunesse que la nature n'a point destinée à demeurer inféconde.

De tels établissemens ne doivent être protégés qu'autant qu'ils ont un but d'une utilité manifeste, comme l'éducation ou le soulagement des malheureux ; mais il faudrait n'admettre au nombre des personnes qui se dévouent à ces honorables fonctions, que des femmes de quarante ans au moins, et des hommes de plus de cinquante ans. Ce serait pour la veuve sans appui, pour l'homme isolé,

que l'on devrait réserver les cadres très-res-
serrés de ces institutions ; qui sont toujours
dangereuses lorsqu'elles remplissent un rôle
négatif dans la société. Il me semble donc
que Messieurs les Députés feraient sagement
de s'occuper de la *statistique religieuse* de la
France ; de la réduire, de la modifier ; et
surtout d'en empêcher les funestes empiète-
mens.

En fait d'hommes comme en fait d'argent,
une somme modique, au bout de deux ou
trois siècles, produit des millions. La pro-
gression naturelle, quelque rapide qu'elle soit,
n'exprime pas même toute l'importance des
produits ; puisqu'il arrive souvent des résultats
accidentels qui l'augmentent considérablement.
C'est donc toujours un malheur plus grand qu'il
ne paraît d'abord, que le simple retard d'une
bonne mesure administrative, puisqu'il fait per-
dre à la fois les produits annuels, leurs intérêts
et les résultats fortuits des avantages qu'elle
aurait présentés. S'il nous reste encore quelque
moyen d'approcher du degré de splendeur et de
puissance auquel les Anglais sont parvenus par
leur industrie, ce ne peut être qu'en saisissant
avidement tout ce qui porte l'empreinte de l'utilité. Le Gouvernement et les Chambres ne doivent adopter qu'une seule devise, c'est la pros-

périté nationale ; toute institution contraire ou divergente doit être immédiatement supprimée.

Quoique, à l'exemple de ces nobles ignorans qui jadis pensaient que c'était déroger que de savoir écrire, l'un de nos Députés se soit dernièrement fait quelque scrupule de prendre la plume pour répondre à M. B. C., il me paraît qu'il serait à desirer qu'il s'établît *une correspondance régulière entre la Nation et ses Mandataires.* Une association de quelques Députés, moins scrupuleux que M. D. D. H., pourrait publier un journal sémi-périodique, en prenant pour correspondans la Minerve et les publicistes les plus distingués ; il ne serait peut-être même pas inutile qu'il existât deux ou trois recueils de ce genre, afin que la Nation pût considérer les choses sous toutes leurs faces : c'est le vrai moyen d'accélérer son éducation politique, et même celle de quelques-uns de Messieurs les Députés.

Dans cet écrit tracé rapidement, je n'ai voulu que proposer quelques moyens de régulariser les opérations de la Chambre, en l'engageant à former elle-même le tableau dispositif des matières qu'elle doit traiter, avec les argumens, pour et contre chaque projet de loi. Je le crois éminemment utile, surtout en considérant que plusieurs de Messieurs les Députés élus cette

année, n'ont jamais rempli les importantes fonctions de législateurs ; mais c'est, en quelque
manière, ne faire que convenir du terrain sur
lequel on veut se battre. Il faut encore connaître la tactique et toutes les ruses de la guerre,
représentées dans la Chambre quelquefois par
le talent, mais plus fréquemment par l'intrigue
et la cabale. Il serait sans doute fort amusant de
tracer d'avance le plan de la campagne, et d'indiquer par quel moyen on peut surprendre la
conscience délicate de M. un tel, comment on
peut rendre infructueux les discours de M.,
son collègue ; à quel repas et par quelles pro-
messes le Ministre doit opérer une transubs-
tantiation réelle, et convertir en fidèles satel-
lites les indépendans qui le persécutent ; mais
je n'aspire point à me faire initier à ces augustes
mystères ; c'est assez de les connaître par leurs
résultats (1).

Plus les lumières et le bien-être pénétreront
dans la classe inférieure du peuple, plus nous
pencherons vers la démocratie. L'homme ins-
truit, soit par orgueil, soit par intérêt, soit par

____

(1) On peut consulter une petite brochure de l'auteur,
intitulée : *Division de la Chambre des Députés*, dont le but
est essentiellement de préserver la Nation des séductions que
le Gouvernement peut employer pour obtenir la majorité des
suffrages.

un juste sentiment de sa dignité, veut du moins
participer au gouvernement de sa patrie. La
première époque du progrès des lumières que
le dernier siècle a répandues sur la France, a
produit les funestes évènemens dont nous avons
été les témoins ; mais la révolution aurait eu
lieu sans bouleversement, si les nobles et les
prêtres avaient pu prévoir qu'ils succomberaient
en résistant à l'impulsion universelle. Notre
système de représentation actuel, en remplaçant
les prérogatives de la noblesse par celles d'une
aristocratie financière, a sans doute l'avantage
d'être en harmonie avec l'esprit du siècle,
qui ne respecte que la fortune ; mais lorsque
le peuple aura fait quelques pas de plus dans sa
carrière politique, il sentira que la richesse
n'est ni la caractéristique du talent de gouver-
ner, ni le gage constant de l'incorruptibilité.
Cette richesse est souvent acquise aux dépens
de l'honneur, par l'avarice, par les dépréda-
tions ou par d'industrieuses bassesses. De tels
hommes en général ne desirent pas un ren-
versement du régime actuel, quel qu'il puisse
être ; mais les lois les plus oppressives ; mais les
mesures arbitraires les plus vexatoires ; mais tout
ce qui sans menacer le salut de l'état, n'afflige
et ne tourmente que le peuple ; mais ces crimes
politiques qui naguère faisaient encore gémir

la Patrie ; tous ces tristes abus, dis-je, ne manqueront jamais de fauteurs dans la classe des gens riches, des nobles, et des agens du Gouvernement ; ils seront consacrés dans le sein même de notre Représentation Nationale.

Le Ministère en suspendant, sous certains rapports, l'exécution de la Charte, semble pressentir l'effet inévitable du développement de nos facultés. Il sait que lorsque nous aurons la Charte, nous voudrons mieux que la Charte ; et c'est peut-être pour prévenir nos excès, qu'il nous fait attendre, comme un bien inespéré, celui que nous semblons tous avoir le droit de demander et d'exiger. J'admire sa politique, sans oser l'approuver ; mais, pour assurer son triomphe, qu'il nous gêne, s'il le veut ; mais qu'il ne nous heurte pas !

MATIÈRES A DISCUTER.	PRINCIPES			AUTORITÉS.	
	dans le sens Ministériel.	dans le sens opposé.	dans un sens mixte.	La Charte.	Auteurs, Lois, Ordonnances, Discours, etc.
Nouveaux Statuts de la Chambre des Députés.					
Proposition de consacrer un jour par semaine à la lecture des Pétitions, etc.					
Institution du Jury perfectionnée.					
Son application aux délits de la presse.					
Liberté de la Presse.					
Indépendance des Journaux.					
Revision de quelques articles des différens Codes, et particulièrement du code pénal et du code de procédure criminelle, par exemple la calomnie.		1°. Point d'incarcération avant la condamnation du prévenu de calomnie (non plus que pour les prétendues provocations indirectes). 2°. Lorsque l'Imprimeur a rempli les formalités requises, le lieu du délit ne peut être différent de celui du dépôt. 3°. Le prévenu doit être admis à fournir des preuves authentiques dans un tems que les juges peuvent fixer. 4°. MM. les Procureurs du Roi ne doivent pas pouvoir poursuivre un particulier pour fait de calomnie, sans qu'il existe une plainte des individus ou des autorités qui se disent calomniés. 5°. Lorsque l'auteur prouve suffisamment qu'il n'a pas en l'intention de calomnier, il doit être absous, ou du moins excusé, suivant les circonstances.			
Limitation de l'application du secret et de sa durée.					
Assainissement des prisons, prévenus, leur entretien, dédommagemens en certains cas.					
Budget.					
Compte rendu de l'emploi des sommes votées dans la session précédente.					
Organisation de la responsabilité des Ministres.					
Caisse hypothécaire.					
Suppression des régimens Suisses.					
Entrepôt de denrées coloniales à Paris.					
Attributions du Conseil d'État, système municipal, etc.					
A la fin de chaque session, la Chambre devra publier un compte rendu de ses travaux.					

www.ingramcontent.com/pod-product-compliance
Lightning Source LLC
Chambersburg PA
CBHW060046090726
47597CB00012B/2976